Projektmanagement in der Softwareentwicklung. Vorstellung und Vergleich von Vorgehensmodellen

GRIN

Bibliografische Information der Deutschen Nationalbibliothek:

Die Deutsche Nationalbibliothek verzeichnet diese Publikation in der Deutschen Nationalbibliografie; detaillierte bibliografische Daten sind im Internet über http://dnb.d-nb.de abrufbar.

ISBN: 9783346360960
Dieses Buch ist auch als E-Book erhältlich.

© GRIN Publishing GmbH
Nymphenburger Straße 86
80636 München

Druck und Bindung: Books on Demand GmbH, Norderstedt Germany
Gedruckt auf säurefreiem Papier aus verantwortungsvollen Quellen

Das Buch bei GRIN: https://www.grin.com/document/992846

FOM – Fachhochschule für Oekonomie & Management

Berufsbegleitender Studiengang Wirtschaftsinformatik
4. Semester

Hausarbeit im Fach: Software-Engineering

Thema: Vorstellung und Vergleich von Vorgehensmodellen in der Softwareentwicklung

Datum: 30.07.2016

Inhaltsverzeichnis

1. Einleitung

Die Hausarbeit beschreibt die schriftliche Ausarbeitung zum Thema „Vorstellung und Vergleich von Vorgehensmodellen in der Softwareentwicklung". Sie ist Bestandteil des Faches Software-Engineering im Studiengang Wirtschaftsinformatik. Mit dem ersten Kapitel sollen zunächst Grundbegriffe der Softwareentwicklung erläutert werden. Dabei wird der Begriff Software definiert und zu Beginn die geschichtliche Entwicklung des Software-Engineerings näher erläutert.

1.1. Einblick in die Geschichte der Softwareentwicklung

Durch die erzielten Fortschritte im Bereich der Technik, konnten immer leistungsstärkere Rechner entwickelt werden, die auch für sehr komplexe Rechenprozesse bzw. Aufgaben nur noch Bruchteile von Sekunden benötigen. Diese Performancesteigerung war die Basis zur Entwicklung von deutlich komplexeren Anwendungen und Softwaresystemen. Software wurde früher nur für wenige Bereiche wie für wissenschaftliche Einrichtungen, das Militär oder für Große Unternehmen hergestellt. Dadurch, dass die Gerätevielfallt für den Einsatz von Software anstieg, haben immer mehr Verbraucher auch ohne professionelle Kenntnisse mit dem Computer, Software bezogen.

Nun aber haben wir einen Standpunkt erreicht, in dem es so gut wie kein Unternehmen oder sogar kein Haushalt gibt, welches keine Software gesteuerten Geräte wie z.B. Computer benutzen. Technologien wie Computer, Tablets, Notebooks oder Smartphones sind längst fester Bestandteil unseres Alltags.

Um diesen Wandel zu überstehen wurde im Gebiet der Softwareentwicklung stets reagiert. Um neue Anforderungen und die damit entstehenden komplexen Herausforderung zu überstehen, wurden immer neue Methoden und Werkzeuge entwickelt um die Probleme zu lösen. Eine wichtige Entwicklung ist dabei beispielsweise die objektorientierte Programmierung. Diese schafft virtuelle Objekte, die mit Eigenschaften und Methoden ausgestattet werden können. Durch diese Programmiertechnik können komplexe Prozesse einfach dargestellt werden. In der heutigen Zeit ist die objektorientierte Programmierung deswegen zu einem unverzichtbaren Ansatz der modernen Entwicklung von Softwares-Lösungen geworden. Aber es sind auch weitere Methoden und Techniken im Laufe der Zeit entstanden sind. Einige dieser Methoden werden in den nachfolgenden Kapiteln definiert und vorgestellt.

1.2. Probleme in der Softwareentwicklung

So gut wie jeder Mensch auf dieser Welt im Jahr 2016 ist umgeben von Techniken die Software enthalten. Für all diese Geräte wie z.b. Smartphones, Waschmaschinen, Laptops, Kühlschränke, Steuerung der Wohnungselektronik von außen und vieler weiterer Geräte und Möglichkeiten müssen eigene Software-Lösungen geschaffen werden.

Bei der Entwicklung all dieser individuellen Software für die unterschiedlichsten Anforderungen und Ziele besteht das Problem darin, immer eine Lösung anzubieten, die den geplanten Ressourceneinsatz für die Softwareentwicklung nicht übersteigt und dabei eine Lösung hervorbringt, die den Kunden zufrieden stellt. Damit diese Ergebnisse erzielt werden können, ist es sehr wichtig mit dem Kunden eng zusammen zu arbeiten. Zusätzlich sollte aber auch die Betrachtung des Projektmanagements in der Softwareentwicklung, also das sogenannten Software-Engineering stets genutzt werden. Software-Engineering ist ein wichtiger Bestandteil der heutigen Entwicklung von Software-Lösungen. Im nächsten Unterkapitel wird deswegen der Begriff Software-Engineering näher erläutert.

1.3. Definition: Software-Engineering

Der Begriff Software-Engineering umfasst alle Bereiche der Softwareentwicklung und begleitet eine Software über den gesamten Lebenszyklus. Alle Phasen von der Systemspezifikation bis hin zur Wartung der Software werden betrachtet. Dabei werden aber nicht nur technische Anforderungen, sondern auch die gesamte Projektstruktur angesprochen. Das bedeutet, dass im Software Engineering auch darauf Wert gelegt wird, dass Tools und Theorien im Rahmen des Projektes entwickelt werden können, welches die Softwareentwicklung vereinfachen. Zusammengefasst kann gesagt werden, dass die Aufgaben des Software-Engineerings damit alle Aktivitäten der Softwarespezifikation, der Softwareentwicklung, der Softwarevalidierung und der Softwareweiterentwicklung einschließt.[1]

---

[1] Vgl. I. Sommerville Software-Engineering 9., aktualisierte Auflage, 2012, S. 33-36

1.4. Entstehung des Software-Engineerings

Der Begriff „Software Crisis" war in den späten Sechzigerjahren ein großes Problem und sorgte für viele Diskussionen. Die meisten Softwareprojekte haben trotz eines großen Aufwandes und die motivierte Arbeit von Entwicklern kein zufrieden stellendes Ergebnis erzielt. Viele Projekte haben gegebene Ziele bei der Nutzung von Ressourcen nicht einhalten können. Es war üblich, dass mehr Kosten entstanden sind als geplant oder viele Projekte nicht zeitgerecht abgeschlossen wurden.

Im Laufe dieser Ereignisse entwickelte sich der Wunsch nach Werkzeugen und Methoden, um Softwareprojekte optimal zu steuern. Der Wunsch nach fehlerfreien und optimalen Softwarelösungen war so hoch, dass es auch ein sehr wichtiges Thema bei der Vorbereitung für die NATO-Konferenz in Garmisch war (1969).[2] Mit folgenden Worten des F.L. Bauer während dieser Vorbereitung begann das Zeitalter des Software Engineerings:

> *„The whole trouble comes from the fact that there is so much tinkering with software. It is not made in a clean fabrication process, which it should be. What we need, is software engineering. "*[3]

2. Projektmanagement in der Softwareentwicklung

In Dieses Kapitel hat das Ziel grundlegende Elemente eines Projektes zu erläutern. Dazu wird unter anderem das Wort Projekt an sich definiert. Im Anschluss wird erläutert, wann ein Prozess oder ein Ablauf als Projekt bezeichnet werden darf und wann nicht.

2.1. Definition: Projekt

Nach DIN 69901 lautet die Definition eines Projekts wie folg:

> *„Ein Projekt ist ein Vorhaben, das im Wesentlichen durch Einmaligkeit der Bedingungen in ihrer Gesamtheit gekennzeichnet ist, wie z. B.: Zielvorgabe, zeitliche, finanzielle, personelle oder andere Bedingungen, Abgrenzungen gegenüber anderen Vorhaben und projektspezifische Organisation. "*[4]

---

[2] Vgl. J. Ludewig u. H.Lichtler, Software Engineering Grundlagen, Menschen, Prozesse, Techniken, 2010 S. 46
[3] Zitat F.L. Bauer, Historische Notizen zur Informatik, 2009, S. 72
[4] T. Möller, F. Dörrenberg, *Projektmanagement*, 2003, S. 22.

2.2. Phasen in Projekten

Für Projekte ist es üblich, dass sie in verschiedene Phase unterteilt werden. Dadurch wird das Projektziel auf Teilbereiche aufgeteilt und somit die Komplexität des gesamten Projektes reduziert. Zusätzlich ist es dadurch einfacher zu ermitteln ob die geplanten Ressourcen z.b. für Kosten oder Personaleinsatz im Rahmen der einzelnen Prozesse geeignet ist. Jede Phase wird mit einem Meilenstein abgeschlossen. Ein Meilenstein wird auch als Entscheidungspunkt bezeichnet, da durch das Ergebnis des Meilensteins die geplante Fortsetzung eines Projektes entschieden wird.

3. Vorstellung von Vorgehensmodellen

Im dritten Kapitel wird nun das Hauptthema dieser Hausarbeit vorgestellt. Im ersten Schritt wird das Ziel und die Unterschiede zwischen Vorgehensmodellen vorgestellt. Daraufhin werden eines der gängigen und bekanntesten Modelle vorgestellt. Dazu werden diese zuerst definiert und dann die jeweiligen Vor- und Nachteile aufgelistet.

3.1. Was ist ein Vorgehensmodell?

Bei einem Vorgehensmodelle handelt es sich um die Organisation von Software-Projekten und die Zuordnung von Methoden und Elementen in diesen Prozess. Jedes Vorgehensmodell basiert auf die Phasen Analyse, Entwurf, Implementierung und Test. Bei Vorgehensmodellen werden zwischen verschiedenen Modellen und Versionen unterschieden, je nach Vorgehensmodell gibt es unterschiedliche Strukturen und Prioritäten auf die während eines Projektes zurückgegriffen werden. Der größte Unterschied liegt darin, dass Vorgehensmodelle entweder klassisch oder agil sind. Vorgehensmodelle haben die Aufgabe verschiedene Bereiche des Software-Engineerings abzudecken. Dazu gehören unter anderem das Risikomanagement oder das Projektmanagement. Mit all diesen Eigenschaften und Funktionen von Vorgehensmodellen sollen Ressourcen wie Zeit oder Kosten optimal eingesetzt werden können. Um eine hervorragender Software-Qualität anbieten zu können ist die Verteilung von Aufgaben und Rollen in Vorgehensmodellen bzw. in Software-Projekten Pflicht. Es ist zu empfehlen je nach Vorgehensmodell und Phase Verantwortlichkeiten zu verteilen aber auch Richtlinien festzuhalten für die Entwicklung und Dokumentation des jeweiligen Projekts. Dazu hat das Projektmanagement die Aufgabe diesen Prozess von Anfang an zu begleiten und zu steuern.[5]

---

[5] Vgl. I. Sommerville, Software Engineering, 9. Aktualisierte Auflage, 2012, S. 56

3.2. Vorstellung klassischer Vorgehensmodelle

In den folgenden Abschnitten werden nun zwei der bekanntesten klassischen Vorgehens-modelle vorgestellt. Doch zuvor soll die Bedeutung eines klassischen Vorgehensmodells erläutert werden. Bei einem klassischen Vorgehensmodell wird ein Software-Projekt in übersichtliche, zeitlich aufgeteilte Phasen mit verschiedenen Methoden und Prozessen aufgeteilt. Jeder dieser Phasen wird nacheinander erarbeitet. Damit mit einer neuen Phase begonnen werden kann, muss die Vorgängerphase eine abschließende Dokumentation er-stellen und der nächsten Phase zur Verfügung stellen. Durch diese Methode soll das Ma-nagement eines Software-Projektes vereinfacht werden und die Komplexität gesenkt wer-den.

3.2.1. Das Wasserfallmodell

Bei dem Wasserfallmodell handelt es sich um eines der bekanntesten klassischen Vorge-hensmodelle. Bei diesem Vorgehensmodell wird ein Softwareprojekt in feste und ein-zelne Phasen aufgeteilt. Damit mit einer nachfolgenden Phase begonnen werden kann muss erst die aktuelle Phase komplett abgeschlossen sein. Jede Phase wird mit der Erstel-lung einer umfangreichen Dokumentation über die jeweilige Phase beendet. In dem Ba-sismodell des Vorgehensmodells sind Rücksprünge zu vergangenen Phasen nicht mög-lich. Bei dem erweiterten Modell sind Rücksprünge zwischen den Phasen erlaubt. Dabei muss aber beachtet werden, dass bei einem Rücksprung die Ergebnisse der aktuellen Phase komplett verfallen.[6]

In der Regel wird das Wasserfallmodell in folgende Phasen aufgeteilt:

- Analysephase: Die Analysephase hat die Aufgabe die Entwicklertruppe mit den Kunden zusammen zu bringen. Gemeinsam werden hier die Anforderungen und Möglichkeiten zur Lösung des Kundenproblems festgehalten.

---

[6] Vgl. B. Hindel, K. Hörmann, M. Müller, J. Schmied, Basiswissen Software-Projektmanagement 2., überarbeitete und erweiterte Auflage, 2006, S. 17-18

- Designphase: In der Designphase wird die gezielte Systemarchitektur erfasst. Dazu werden verschiedene Fragen geklärt die sowohl die Hardware- und auch die Softwaretechnik betreffen. Dazu zählen unteranderem die Performance eines Systems, die Software-Usability aber auch das Thema Datenschutz und Datensicherheit eine große Rolle.

- Realisierungsphase: Mit dem Abschluss der Designphase kann die Realisierung einer Anwendung beginnen. In der Realisierungsphase wird die gewünschte Software mittels Programmiertätigkeiten entwickelt.

- Testphase: Die Testphase hat die Aufgabe zu überprüfen, ob die Entwickelte Software-Lösung den Anforderungen des Projektziels entspricht und somit den Kundenwunsch zufriedenstellend erfüllt. Je nach Anwendung gibt es verschiedene Möglichkeiten um dies zu testen. In der Regel wird der Software ein Input gegeben und dann überprüft, ob ein richtiger Output generiert wurde.

Das Wasserfallmodell bietet einige Vor- und Nachteile die in der folgenden Auflistung vorgestellt werden sollen:

- Vorteile:
  - o Einfaches Modell: Ein Wasserfallmodell ist einfach aufgebaut und einfach aufgebaut.
  - o Sichere Überprüfung: Das gesamte Projekt kann durch den Einsatz von Meilensteinen und Dokumentation ohne viel Aufwand kontrolliert werden. Es lässt sich somit gut organisatorisch warten.
  - o Wenig Managementaufwand: Da es sich beim Wasserfallmodell um einfaches und verständliches Werkzeug handelt ist wenig erklärungsbedarf von der Managementseite notwendig.

- Nachteile:
  - o Falsche Prioritäten: Es besteht die Möglichkeit, dass das eigentlich Projektziel durch die strenge Dokumentationsvorgabe in den Hintergrund gedrängt wird, weil die Dokumentation wichtiger wird.
  - o Nicht flexibel: Ein großes Problem bei diesem Modell ist es, das es problematisch ist Änderungen oder Anforderungen, die im Nachhinein entstehen im laufenden Prozess einzubinden.

○ Rücksprung in der Testphase: Die Testphase ist erst nach Abschluss des Entwicklungsprozesses vorgesehen. Wenn im Nachhinein ein Fehler auftritt, muss jedes Mal ein Rücksprung gemacht werden. Das wiederum führt häufig dazu, dass die vorgegebene Projektdauer nicht eingehalten wird.

3.2.2. Das Spiralmodell

Das Spiralmodell ist eines der klassischen Vorgehensmodelle im Software-Engineering. Beim Spiralmodell werden Software-Projekte durch das wiederholte Durchlaufen von vier Schritten entwickelt. Diese vier Schritte werden durch Quadranten visualisiert. Das Projektziel wird schrittweise in einer iterativen Vorgehensweise erarbeitet. In diesem Modell werden die Fortschritte durch eine Linie gekennzeichnet, welches auf über den Quadranten liegt. Dadurch bildet sich ein Spiralmuster, welches diesem Vorgehensmodell seinen Namen verleit. Dieses Vorgehensmodell ist in folgende Phasen aufgeteilt:

- Analyse: Im ersten Schritt werden Projektziele und Rahmenbedingungen festgehalten.

- Risikomanagement: An dieser Stelle werden Methoden angewandt um das Auftreten von potenziellen Risiken zu minimieren. Dabei werden die im ersten Schritt ermittelten Anforderungen berücksichtigt.

- Entwicklung und Test: In Abhängigkeit von den potentiellen Risiken, umfasst der dritte Schritt die Implementierung der gewünschten Software. Dazu werden sowohl Entwicklungsmethoden angewandt als auch Systemtests durchgeführt.

- Planung und Projektfortsetzung: In der vierten Phasen werden die Ergebnisse der drei Vorgänger überprüft und dann der nächste Zyklus in Absprache mit dem Abnehmer gestartet.

Beim Spiralmodell wird ein hoher Wert auf die Risikoanalyse gelegt. Hierzu werden sogenannten Prototypen im Schritt Risikomanagement erstellt. Die Erstellung von Prototypen, soll dazu führen Kritische Aspekte einer Software rechtzeitig zu erkennen und diese zu verhindern.[7]

---

[7] Vgl. Vgl. I. Sommerville, Software Engineering, 9. Aktualisierte Auflage, 2012, S. 76-78

Als nächstes sollen die Vor- und Nachteile dieses Vorgehensmodelles aufgelistet werden:

- Vorteile
  - Fehlerbehebung: Fehler und potentielle Störfaktoren werden in diesem Modell frühzeitig erkannt.
  - Flexibel: Neue Kundenwünsche und Anpassung der Anforderungen an das System können in der Entwicklungsphase ohne Probleme eingebaut werden.
  - Projektkosten: Durch dieses flexible System können Kosten je nach Anforderungen und Bedarf variabel angepasst werden.
- Nachteil:
  - Hoher Aufwand für Manager: Durch den iterativen Entwicklungsprozess müssen durch die Manager stets wichtige Entscheidungen in Absprache mit den eigenen Entwicklern getroffen werden, dies kann sehr viel Zeit in Anspruch nehmen.
  - Nicht für jeden geeignet: Dieses Vorgehensmodell ist auf Grund des Aufwands nicht für kleine bzw. mittel Große Projekte geeignet.
  - Fehlende Akzeptanz von Kunden: In der Praxis kann der Fall auftreten, das einige Kunden davon ausgehen, dass Sie aufgrund eines flexiblen Vorgehensmodells viele Änderungen spontan durchführen können. Dies könnte zu Konflikten zwischen Entwicklern und Kunden führen.

3.3. Vorstellung agiler Vorgehensmodelle

Nachdem nun das Thema der klassischen Vorgehensmodelle beschrieben wurde, werden jetzt die agilen Vorgehensmodelle vorgestellt. Dazu wird als erstes der Unterschied zu klassischen Vorgehensmodellen verdeutlicht. Bei agilen Vorgehensmodellen handelt es sich um eine Methode, welche für Projekt eingesetzt wird, deren Spezifikation sich im Laufe des Projekts stets ändern kann. Das bedeutet, dass neue Anforderungen der Kunden in allen Projektphasen flexibel berücksichtigt werden können. Damit kann der Kunden in allen Projektphasen aktiv integriert werden.

Um eine hohe Software-Qualität und die Kundenzufriedenheit zu steigern erhält der Kunde schon in den Anfangsphasen erste Versionen seiner gewünschten Software zur Verfügung gestellt.[8]

Genauso wie bei den klassischen Vorgehensmodellen haben agile Vorgehensmodelle Gemeinsamkeiten. Die wichtigste Gemeinsamkeit ist, dass sie alle auf folgendes Manifest basieren:

„Wir erschließen bessere Wege, Software zu entwickeln, indem wir es selbst tun und anderen dabei helfen. Durch diese Tätigkeit haben wir diese Werte zu schätzen gelernt:

- *Individuen und Interaktionen mehr als Prozesse und Werkzeuge*
- *Funktionierende Software mehr als umfassende Dokumentation*
- *Zusammenarbeit mit dem Kunden mehr als Vertragsverhandlung*
- *Reagieren auf Veränderung mehr als das Befolgen eines Plans*

Das heißt, obwohl wir die Werte auf der rechten Seite wichtig finden, schätzen wir die Werte auf der linken Seite höher ein. "[9]

3.3.1. Extreme Programming

Extreme Programming ist eines der agilen Vorgehensmodelle aus dem Software-Engineering, welches das Ziel verfolgt den kürzesten Weg zu Implementierung des Quellcodes zu nutzen. Im Wesentlichen unterscheidet sich das Extreme Programming von den anderen Vorgehensmodellen dadurch, dass es die benötigte Systemarchitektur nicht im Voraus geplant wird. Es ist typisch für das Extreme Programming, dass sich Entwurfs- und Implementierungsphase immer abwechseln. Das System wird somit Schritt für Schritt aufgebaut und nach jeder Implementierungsphase steigen die Funktionen der erzielten Software an. Durch diese kurzen Phasen, die aufeinander folgen, können auf neu entstehende Anforderungen schnell reagiert werden.

---

[8] Vgl. I. Sommerville, Software Engineering, 9. Aktualisierte Auflage, 2012, S. 85-91
[9] Agilmanifesto.org, Url: http://agilemanifesto.org/iso/de/manifesto.html, Stand: 20:42, 30.07.2016

Das System kann stets verschiedenen Tests unterzogen werden, z.b. könnte das System während der Implementierungsphase aktiv gesetzt werden. Für das Extreme Programming ist es typisch, die Qualitätssicherung mit der Implementierung abwechselnd durchzuführen und eine Organisation mit kleinen Teams und klar verteilten Rollen zu nutzen.[10]

Als nächstes sollen die Vor- und Nachteile dieses agilen Vorgehensmodells vorgestellt werden:

- Vorteile
  - o Flexible Einbindung des Kunden: Aufgrund der agilen Struktur des Extreme Programmings, können neue Kundenanforderungen schnell in das aktuelle Projekt eingebaut werden
  - o Früher Einsatz: Das gewünschte System vom Kunden kann schon frühzeitig in Betrieb genommen werden, da dem Kunden Anfangsversionen zur Verfügung gestellt werden.
  - o Motivierte Mitarbeiter: Entwickler erhalten von den Kunden in regelmäßigen Abständen eine Bewertung ob die bisherige Implementierung aus Sicht des Kunden erfolgreich ist und dadurch haben die Entwickler weniger Stress.
- Nachteile
  - o Flexibilität kann zu Problemen führen: Kunden und Entwickler müssen den Vorteil dieses Vorgehensmodells verstehen. Kunden haben zwar den Freiraum neue Anforderungen anzugeben, aber müssen bedenken das neue Spezifikationen im Rahmen des Projekts umsetzbar sein sollten.
  - o Aufwendiges Projekt: Die Entwickler müssen offen für die ständige Kommunikation mit den Kunden sein, da es sonst bei den Anforderungen zu Unstimmigkeiten kommen kann.
  - o Hoher Management Aufwand: Aufgrund der vielen Änderungen die möglich sind, müssen sich Projektmanager viel Zeit für die Kommunikation mit Kunden und dem Entwickler-Team nehmen.

---

[10] Vgl. I. Sommerville Software-Engineering 9., aktualisierte Auflage, 2012, S. 93-102

3.3.2. Scrum

Bei Scrum handelt es sich um ein agiles Vorgehensmodell. Für das Scrum Modell steht fest, dass Softwareprojekte aufgrund einer komplexen Infrastruktur nicht exakt im Voraus planbar sind. Die zu Entwickelnde Anwendung wird Schritt für Schritt durch das gesamte Team erarbeitet. Bei diesem Vorgehensmodell gibt es keinen klassischen Projektleiter wie bei anderen Projekten, da sich die Teammitglieder untereinander selbstorganisieren.[11]

In dem sogenannten Product Backlog, werden in einer bestimmten Reihenfolge die angeforderten Eigenschaften des Systems festgehalten. Das Product Backlog ist zu Beginn des Projekts noch nicht 100 % gültig, da es im Laufe des Projektes um weitere Eigenschaften ergänzt und um andere reduziert wird. Scrum teilt das Projekt in verschiedene Etappen ein. Diese Etappen werden bei diesem Vorgehensmodell als Sprints bezeichnet. Die Dauer eines Springs kann von einer Woche bis hin zu einem Monat dauern. Während eines Springs werden ausgewählte Eigenschaften die zuvor im Product Backlog definiert wurden umgesetzt. Jeder Sprint muss am Ende ein (Teil-) System hervorbringen, dass betriebsbereit ist. Beim Scrum wird Wert darauf gelegt niemals die geplante Dauer des Springs zu übersteigen. Wenn sich im Notfall die Anforderungen an ein Spring ändert wird es im schlimmsten Fall abgebrochen. Im Anschluss auf einen Sprint, werden durch das Feedback des Kunden und der Entwickler Erkenntnisse gesammelt, die die Entwicklung voranbringen sollen. Beim Vorgehensmodell Scrum unterscheiden wir insgesamt zwischen sechs verschiedenen Rollen die sich in interne und externe Rollen aufteilen lasse.[12]

In der nachfolgenden Auflistung sollen diese beschrieben werden:

- Interne Rollen
  - Product Owner: Bei dem Product Owner handelt es sich um eine einzelne Person die stets mit dem Kunden in Kontakt steht. Der Product Owner hat die Aufgabe die Eigenschaften eines Projektes im Backlog Katalog zu verwalten und priorisieren. Hinsichtlich dieser Aufgaben muss er auch Ressourcen wie Zeit und Projektkosten in Betracht ziehen.

---

[11] Vgl. A. Wintersteiger, Scrum: Schnelleinstieg, 2., erweiterte Auflage, 2013, S. 23-24

[12] Vgl. A. Wintersteiger, Scrum: Schnelleinstieg, 2., erweiterte Auflage, 2013, S. 47-104

- o Entwicklungsteam: Das Entwicklungsteam hat die Aufgabe die Eigenschaften aus dem Backlog Katalog zu Implementieren. Das Team arbeitet komplett selbstständig und verteilt untereinander anstehende Aufgaben. Das Entwicklungsteam hat auch die Aufgabe festzulegen, wie viele Eigenschaften in einem Sprint übernommen werden sollen. Im Rahmen des Projekts treffen sich die Teammitglieder zu einem täglichen kurzen Meeting, dem sogenannten Daily Scrum. Beim Daily Scrum gibt jedes Mitglied einen Bericht zu der Situation der eigenen Aufgabe ab.

  - o Scrum Master: Der Scrum Master fungiert bei diesem Vorgehensmodell als Moderator. Somit hat er die Aufgabe das Projekt durch eine optimale Kommunikation aller beteiligten am Laufen zu halten. Dabei dient er als Kommunikationsschnittstelle zwischen dem Product Owner und dem Entwicklungsteam.

- • Externe Rollen

  - o Kunde: Bei dem Kunden handelt es sich um die Instanz, welches das Projekt bezahlt. Der Product Owner steht aus diesem Grund mit dem Kunden immer in Kontakt. Bei dem Kunden muss es sich nicht um den zukünftigen Anwender handeln.

  - o Anwender: Bei den Anwendern handelt es sich um die Instanz, die mit der gepalnten Anwendungen arbeiten werden. Die Anwender können somit den Entwicklern ein Feedback darüber geben ob die Anwendung wie gewünscht funktioniert.

  - o Management: Das Management hat die Aufgabe das Scrum am Laufen zu halten. Diese Instanz muss dafür sorgen, dass die benötigte Infrastruktur und Ressourcen wie Personal, Räumlichkeiten und Technik vorhanden sind.

4. Fazit

Im letzten Kapitel werden nun alle vorgestellten Vorgehensmodelle kritisch betrachtet und im Anschluss gibt es eine Zusammenfassung mit dem die gesamte Hausarbeit abgerundet werden soll.

4.1. Kritische Betrachtung der Vorgehensmodelle

Die nachfolgende Auflistung soll die in dieser Hausarbeit vorgestellten Vor- und Nachteile der einzelnen Vorgehensmodelle gegenüberstellen:

- Wasserfallmodell: In der heutigen Zeit sollte der Einsatz dieses Vorgehensmodells nicht in Betracht gezogen werden. Das Wasserfallmodell sollte nur bei übersichtlichen und stabilen Projekten zum Einsatz kommen. Zusätzlich sollten die Anforderungen des Projekts von Anfang an festgestellt sein und im Verlauf der Entwicklung nicht geändert werden.

- Spiralmodel: Das Spiralmodell wird in der Regel für große und komplexe Projekte genutzt. Im Vergleich zum Wasserfallmodell ist es etwas flexibler, da bei jedem Durchlauf, Prototypen erstellt werden, welches auf die Anforderungen des Kunden eingehen. Dadurch ist aber der eigentliche Entwicklungsfortschritt in diesem Vorgehensmodell nicht gut zu erkennen und die Anzahl der Durchläufe ist nicht vorhersehbar.

- Extreme Programming: Diese Methode sollte bei Projekten eingesetzt werden, deren Anforderungen am Anfang eines Projektes nicht komplett klar sind. Neue Anforderungen können beim Extreme Programming während der laufenden Entwicklung hinzukommen und vom Entwicklerteam bewertet werden. Aufgrund der Selbstorganisation des Projektteams ist es wichtig das die Kommunikationskompetenz von allen Mitarbeitern gefördert wird. Zusätzlich sollten die Mitarbeiter bereits erste Erfahrungen mit solchen Projekten besitzen um eine zufriedenstellende Leistung zu liefern.

- Scrum: Scrum ist eines der bekanntesten agilen Vorgehensmodelle und entspricht den Anforderungen der heutigen Zeit. Durch die Vorteile und die in den vorherigen Kapiteln beschrieben Methoden können durch den Einsatz von Scrum schnell auf Veränderungen in der Projektumwelt reagiert werden. Damit aber ein Projekt mittels Scrum erfolgreich abgeschlossen werden kann, müssen einige Aspekte immer bedacht sein. Der wichtigste Aspekt hierbei ist eine gute Zusammenarbeit zwischen den einzelnen Mitarbeitern. Durch die enge Zusammenarbeit der einzelnen Mitarbeiter auch Abteilungsübergreifend, lassen sich Risiken und Probleme einfach ermitteln und vermeiden.

4.2. Zusammenfassung der Ergebnisse

In dieser Hausarbeit wurden vier der bekanntesten Vorgehensmodelle vorgestellt, es gibt aber noch viele weitere Modelle auf dem Markt die ihre Daseinsberechtigung haben.

Alle Vorgehensmodelle haben unterschiedliche Vor- und Nachteile, welche verschiedenen projektspezifischen Kriterien unterteilt sind. Aus diesem Grund sollte immer gut geplant werden, welches Vorgehensmodell für das jeweilige Unternehmen bzw. Projekt lohnenswert ist. Dazu sollten die eigenen Anforderungen und Erwartungen an das Vorgehensmodell mit den jeweiligen Vor- und Nachteilen verglichen werden, um dann das Vorgehensmodell zu wählen das zum individuellen Standpunkt am geeignetsten ist.

Vielen Unternehmen fehlt aber das benötigte Wissen um solch eine Entscheidung zu treffen und die durch eine Fehlentscheidung entstehenden Konsequenzen sind meist nicht zu erkennen. Durch eine schlechte Entscheidung bei der Wahl eines Vorgehensmodells können für Unternehmen bzw. für das Projekt entweder sehr hohe Kosten entstehen die das Budget überspringen oder zum negativen Abschluss eines Projektes führen.

5. Quellenverzeichnis

Bücher:

- Herausgeber: Bauer
  Titel: Historische Notizen zur Informatik
  Erscheinungsjahr: 2009
- Herausgeber: Hindel, Hörmann, Müller, Schmied
  Titel: Basiswissen Software-Projektmanagement
  Erscheinungsjahr: 2006
- Herausgeber: Ludewig, Lichtler
  Titel: Software Engineering Grundlagen, Menschen, Prozesse, Techniken
  Erscheinungsjahr: 2010
- Herausgeber: Möller, Dörenberg
  Titel: Projektmanagement
  Erscheinungsjahr: 2003
- Herausgeber: Sommerville
  Titel: Software-Engineering
  Erscheinungsjahr: 2012
- Herausgeber: Wintersteiger
  Titel: Scrum: Schnelleinstieg
  Erscheinungsjahr: 2013

Internetquellen:
- Herausgeber: Agilmanifesto.org
  Titel: 7 von 10 Unternehmen setzen auf Cloud-Technologien
  Stand: 20:42, 30.07.2016
  URL: https://www.bitkom.org/Presse/Presseinformation/7-von-10-IT-Unternehmen-setzen-auf-Cloud-Technologien.html